Trois points suspendus

Charlotte Altaïr

Trois points suspendus

Édition : BoD – Books on Demand, info@bod.fr
Impression : BoD – Books on Demand, In de Tarpen 42, Norderstedt
(Allemagne)

Impression à la demande

Illustration : Charlotte Altaïr

ISBN : 978-2-3225-2508-9
Dépôt légal : Juillet 2024

Pour Charlotte et toutes les autres

qui doivent réécrire leurs rêves en cours de route

Pour toutes celles et ceux à qui il manque un bout de reflet dans le miroir

Prendre la vie à l'envers
Prendre le monde à revers

Remonter le temps
Comme les aiguilles d'une horloge
Poser un regard bienveillant
Sur son visage d'enfant
Prendre la vie à l'envers
Prendre le monde à revers

Se permettre de quitter son carcan
Oublier un instant
Les conventions conditions confirmations
Les conjonctions de coordination
Les conjonctures ergonomiques
Des quotients conditionnés
Prendre la vie à l'envers
Prendre le monde à revers

Revenir sourire soupir
Choisir agir se souvenir
Salir palier s'avenir
Construire mourir de rire
Graver ses souvenirs
Pour en être digne
Prendre la vie à l'envers
Prendre le monde à revers

Ne rien défaire taire
Faire de l'arrière l'avant
Ne pas être trop fière
Et croire aux sorcières
Briser les regards qui indiffèrent
En avoir rien à faire

Ecouter cette enfant
Avec elle redessiner une carrière
Assembler les poussières
Prendre la vie à l'envers
Prendre le monde à revers

Comme un sursaut au milieu du tableau
Une exigence face à l'enfance
Une rigueur pour le bonheur
Un chuchotement sur le chemin
Un clignotant sur le rond point
Prendre la vie à l'envers
Prendre le monde à revers
Ne pas passer son chemin
Se faire un signe de la main
Hier aujourd'hui demain
Choisir son chemin

Parfois il suffit d'un rien
Un jardin
Un collier de pâquerette à plusieurs étages
Un doux moment à la saveur d'un mirage

Et d'un seul coup tout s'arrête
Net
Comme un souffle sur une allumette
Un regard en arrière
Un sourire qui donne la force de poursuivre l'aventure
Garder la beauté pour parsemer l'avenir
De ces touches de souvenirs
Avoir le courage l'exigence et l'indulgence
Ne pas oublier ce bonheur inachevé
Pour continuer à regarder
Pour continuer à avancer
Pour continuer d'aimer

A la croisée des chemins l'écume d'une histoire
Qui dépose doucement les fragments d'un passé
Qui a construit le présent
Ramassons ces coquillages ces galets polis par trop d'années
Ou laissons les se faire balloter par les marées
Qu'importe

L'immensité permet toujours à chacun d'avancer
Comme il lui convient vers demain
Sachons simplement reconnaître à ces journées d'autrefois
leur pouvoir

Comme un devoir envers soi même
Une nécessité pour avancer
Une responsabilité face à ceux que l'on aime
Sachons accepter qu'elles font de nous ce que nous sommes
Ce que nous serons
Comme un serpent qui mue

Une première vie se détache

Avec parfois douleurs et stupeurs
Sans trop savoir pourquoi ni où l'on va
Se laisser bercer par les vagues
La houle qui décide quelques instants pour nous
Lâcher prise et admirer

Cette immensité sans chemin

Ne dit on pas « unis comme les 5 doigts de la main » ?
Que vaut cette expression face au temps aux virages de la vie
Personne ne peut prévoir demain
Les choix les rencontres les mirages
À chacun de tourner sa page
Et puis on se retourne un beau jour
Les doigts baissés presque amputés
L'index a indiqué une autre direction
L'autre a disparu à l'horizon
Pourtant encore à côté de soi
Peut être est ce l'entre soi
Ou le souffle de la vie qui pousse chacun
Sur son chemin
On ne se reconnaît plus ne s'entend plus
Les années lycées ont été polies par la vie
Ce sont les souvenirs qui nous attirent
Mais l'amitié chavire
Comme si le temps avait ouvert la porte au jugement
Amplifié les défauts et les doutes
Rendu impossible les changements
Grandir autrement que dans le regard de l'autre
Sans oublier qu'il a façonné
Sans oublier qu'il a fait douté
La tristesse de continuer à espérer
Ce qui appartient au passé
La joie de se souvenir
Des jolis moments qui m'ont permis de grandir
La tendresse face à cette faiblesse
De la vie qui finalement a choisi
Main dans la main
Sans lendemain
Les lignes de vie se séparent
Les sentiers sont différents

Mais qui sait peut être qu'en grimpant
Un jour au détour d'un tournant
Je pourrais t'apercevoir
Heureuse de ta trajectoire
Et d'un signe de la main
Te dire peut être **à demain**

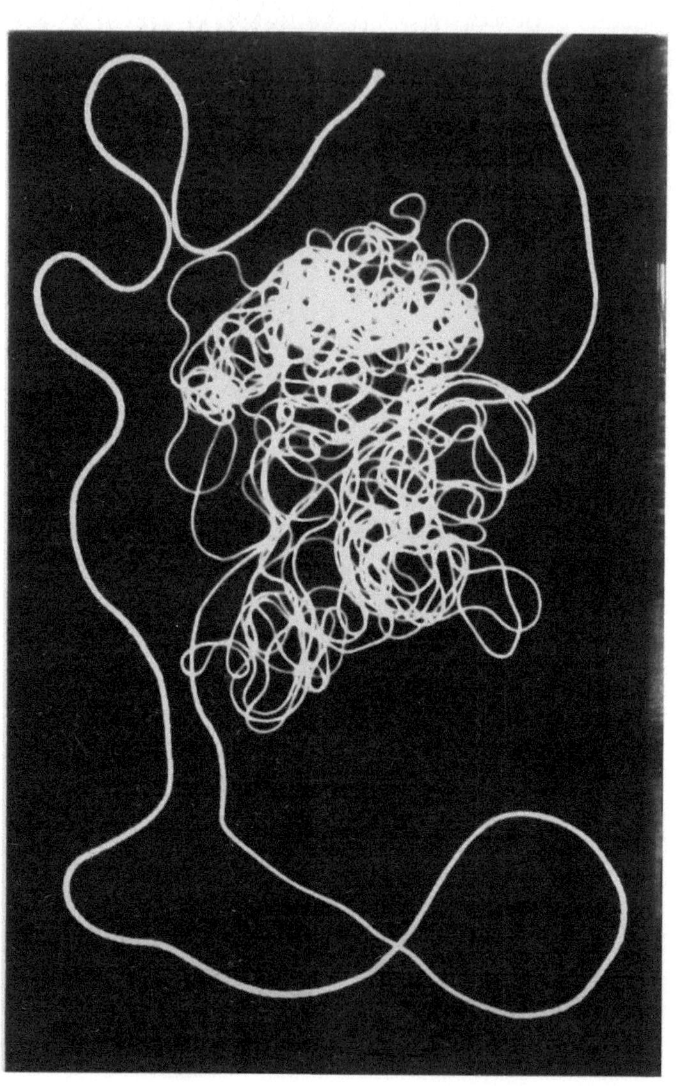

Bobines et pelotes

Démêler les fils
Laisser rouler la bobine
Détricoter le temps

Saisir l'instant
Sans réfléchir
Choisir un fil

Se laisser guider
Submerger immerger
Enrouler malmener aimer
Se faire embobiner
Rembobiner

Un chemin vers le présent
Une matière une intuition
Demain sera d'un autre ton
Comme une aiguille dans une botte de foin
Le fil
Sans retour avec quelques détours

Saisir l'instant
Sans réfléchir
Choisir un fil

Comme une ligne de vie
Le long d'une paroi
Ne plus avoir le choix
Puis croiser des chemins
Couper et recoudre pour demain

Comme un dédale de laine
Jusqu'à perdre haleine
Saisir l'instant
Sans réfléchir
Choisir un fil
Et danser
Et vivre

Se blottir au creux de la pelote
Lorsque la vie grelotte
Comme Ariane et les autres
Se laisser guider par ce fil argenté
Changer de couleurs faire des erreurs
Démêler emmêler s'extasier
Recommencer

Parce que finalement
Saisir l'instant
Ne tient qu'à un fil

Je te regarde du haut de tes six ans

Encore enfant
Mais si peu finalement
Tu cherches l'attention la tendresse
Tellement absente de cette forteresse
Dans laquelle tu vis et tente de grandir
Sans avoir réellement la chance de choisir
Ton futur trop occupée à clouer ton armure
Tu ne comprends pas le monde
Tu le regardes de loin tu n'as pas les clés
Tu tapes aux carreaux cherche quelqu'un pour t'aider
Désespérément
Sans avoir les mots pour le dire
Avec juste la violence de ton sourire

Au quotidien en classe
Tu prends la réalité en pleine face
A Noël les autres ont des cadeaux
Chaque soir une histoire
Pour ne pas avoir trop peur du noir
De la tendresse de l'affection
Pour avoir une chance de grandir
De voir s'offrir un futur rassurant
Sans avoir trop peur de devenir grand
Ton monde n'est pas le leur
L'école devrait être ton refuge
La corde qui t'aide à monter
Qui te donne confiance en toi pour avancer

Après des mois d'incompréhensions
D'illusions d'altercations et violentes frustrations

De rendez-vous d'appels éternisés
Enfin la réponse est arrivée
Ta place est dans une classe
Pour enfant extraordinaire
L'ordinaire n'est pas suffisant pour t'accompagner
Ne peut te donner des clés adaptées

Mais alors que ton équilibre est fragile
Que chez toi rien ne va
L'école qui devrait être ton cocon
T'envoie sur liste d'attente en immersion
L'institution devient à son tour malveillante
Parce qu'elle refuse de choisir ton destin
De mettre les moyens pour que demain
Enfin
Tu puisses trouver ta place
Te regarder dans une glace
Et sourire avec tendresse
Te dire que sans violence
Sans arrogance avec insouciance
Les journées peuvent être douces

Un nom sur une liste
Une enfance sans famille
Je te regarde du haut de tes six ans
Toi qui il y a quelques mois encore m'insultais violemment
Je te regarde du haut de tes six ans
Et me demande comment t'aider
Quelles forces tu vas devoir trouver
Toi qui n'as pas les mots les clés
Pour faire entendre ta voix
Ton désarroi
Et moi qui suis si petite réduite
Face à ce mur qui refuse d'entendre les enseignants

Qui détourne les yeux devant ses enfants
Continuer à te sourire pour faire illusion
Camoufler l'indifférence de l'institution
Mais nous le savons l'une et l'autre
Je n'ai aucun pouvoir face à une liste
Face à des choix politiques des statistiques

Je te regarde du haut de tes six ans
Et je suis en colère contre ces discours
Ces gens qui prétendent prendre des décisions pour les enfants
Et je suis en colère que les choix financiers
Soient exemptés du principe de réalité
Du terrain des besoins des chagrins
Et je suis en colère que l'enfance indiffère
Parce que ne l'oubliez pas
C'est bien elle qui demain sera debout
Devant vous
C'est bien elle qui fera vivre le pays
Et s'occupera de vous

Alors regardez la du haut de ces six ans
Et donnez lui l'attention que vous lui réclamerez dans quelques
temps
Donnez lui les clés pour avancer
Protégez la offrez lui un refuge
Un cocon
Ou alors assumez
Et dites lui qu'elle n'est qu'un numéro
Que l'extraordinaire n'est pas votre affaire
Assumez ou agissez
Parce que nous nos poings sont liés
Et du haut de mes trente-deux ans
Je suis aussi démunie qu'une enfant
Devant ce monde de grands

Tout est affaire de lignes

Ligne de conduite
Ligne de vie
Ligne de démarcation
Garder la ligne
Et toujours apercevoir celle de l'horizon
Aller à la ligne
Pour continuer à avancer
Parfois recommencer

Tout est affaire de ligne
Comme un funambule un pied après l'autre
En équilibre sur ce fil cette ligne
Qui nous amène qui nous sème
Au travers des chemins
Choisir une ligne pour serpenter
Sous les villes et imaginer
Pêcher à la ligne
Du haut de la tour Eiffel
Tendre un fil depuis son antenne
Attendre le son d'une voix d'autrefois
Au bout de la ligne
Tout est affaire de ligne
Sans oublier la rouge à ne pas dépasser
Comme si l'on pouvait sauter à pied joint de l'autre côté
Les lignes que les écoliers ont tant de mal à amadouer
Leurs lettres préfèrent danser que de s'y poser
Les lignes de la main qui indique notre destin
Peut être comme celles du chemin de fer
Qui nous emportent ou nous rapportent
Au doux rythme des balancements du train
Vers des jolis jours incertains

Tout est affaire de ligne
Quitte à les brouiller pour ne plus se retrouver
Ou pour jouer à perdre l'autre
Comme les lignes à la craie que les enfants
Tracent dans les cours de récréation
Des contours de l'imagination
Et c'est la naissance d'une ville d'un bateau
Un nouveau monde en quelques lignes
Pour quitter les quadrillages aux allures de grillages
Des cahiers d'écoliers

Tout est affaire de ligne
N'oublions pas qu'elle peut danser s'enlacer
Nous bercer nous tirer ou nous guider
Cette ligne de vie celle que l'on choisit

Comme une attirance un regard une évidence

Une flaque qui te plaque
Comme une claque
Un regard qui éclabousse
Des lèvres qui s'étirent pour sourire

Comme un phare dans le noir
Impossible de ne pas l'apercevoir
Peu importe les mots
C'est la peau qui parle
Les sens qui s'éveillent

Un crépitement qui réchauffe
Des flammes qui enflamment
Le corps qui gémit de tant de chaleurs
De tant de douceurs

Des mains des doigts qui dansent
Chacun sa cadence
Lèvres langues jouissances
En toute puissance

Un désir qui s'étire des corps qui s'attirent
Plus rien à dire à fuir
Rien de certain tout semble éphémère
Qu'importe les chimères
Au temps qui se dresse
Opposons lui la tendresse
À la raison qui raisonne
Le désir qui nous façonne

De demain on ne sait rien

Mais la nuit peut durer une vie
Le temps n'est que ce qu'on lui donne
A l'aube d'un désir des corps s'attirent
La lumière tamisée de l'intimité
La beauté de la nudité

Des notes de musique
Mes lèvres sur ta peau
Des cordes qui tremblent
Des corps qui vibrent
Des souffles qui s'essoufflent
Sfumato tempo
Ronde blanche noire
La fusion écrit une partition

Le soleil pousse les étoiles
Les lèvres étourdies d'avoir tant souri
Doigts enlacés corps enflammés yeux fermés
Pour faire encore durer la nuit
Car ce matin recommence la vie

Trier ranger organiser
Les injonctions de la société
Être parents
Aimants bienveillants
En lisant trois bouquins
Avoir un mode de vie sain
Régime healthy courir
Les coachs sont là pour te servir
Sois fière de toi ponce tes formes
Calfeutre tes émotions hors norme
Consomme achète même si c'est du racket

Des modes d'emploi pour être soi
Des listes infinies à cocher avant de finir sa vie
Des titres moralisateurs pour donner accès au bonheur
Tout s'achète pour avoir la bonne étiquette
Une course sans fin sans frein

Une société qui s'octroie le droit
De te dire qui tu dois être
De ne jamais oublier le paraître
Le jugement des passants
Le regard des parents
L'avis des amis
Orientent le voyage de ta vie

Les recommandations
Qu'importe les frustrations
Famille travail mariage patrie
Tu réfléchiras après pour ta vie
Ton avis tes envies
Et si tu doutes que tu cherches le bouton pause
Alors on te dépose

Parmi ceux qui indisposent
Burn-out dépression opposition
Ceux qui s'interrogent et dérogent
Ceux qui sont perdus ou n'en peuvent plus
Ceux qui cherchent du sens à contre sens

Se déconnecter des photoshopées
Pour redécouvrir la beauté
Des sillons de l'âge des rondeurs du bonheur
Accompagnons les enfants à courir grandir se salir
Ne choisissons pas les schémas déjà imprimés
Inventons imaginons agissons
Jetons les prospectus les qu'en dira-t-on
Peu importe les rictus les quand grandira-t-on

Prendre du recul
Défier le ridicule
Donner du corps
Changer le décor
Choisir notre sort

Jeter broyer bouleverser
Les injonctions de la société
Sourire au reflet dans le miroir
Et y croire

Suspendue au dessus du monde
Je dépose dans le ciel
Cette fatigue universelle
Des journées éternelles
Des journées à tenter de tempérer des tempéraments en pleine
tempête
Des journées à sourire pour divertir et aider à conquérir une estime
de soi loin du surmoi
Des journées à distribuer des câlins perdus
Pour des enfants aux secrets défendus
Des heures pour essayer de renverser l'ascenseur et donner le droit
d'être lecteur
Des minutes pour chanter changer challenger
Chacun dans sa différence et attraper la confiance
Des secondes de vigilance face à l'enfance
Qui parfois peut être fragrance de violence
Des journées jalonnées de discussions d'interrogations
d'incompréhensions
Face à des situations semblables à de mauvaises contrefaçons

Alors ce soir **suspendue dans le ciel**
Je dépose toutes ces journées
Les miennes et les leurs
Je laisse aux nuages les mauvais présages
Je me recharge de l'énergie de la nuit
Suspendue dans le ciel
Je savoure le silence
Et avec prudence
Regarde la terre s'approcher
M'accrocher
Pour m'encourager à ne pas renoncer

Timing

Combien de souffles
De choix ou de regards
Pour que deux êtres se rencontrent
Se rentrent dedans ou se voient pour la première fois
Alors que depuis longtemps ils s'aperçoivent
Quelle force guide deux corps l'un vers l'autre
Quel savant mélange faut il pour créer l'alchimie
Cette fameuse magie qui va faire naître
Une relation parfois une passion
Ou tout simplement un moment
Un ami un amant un passant
Rien n'est figé tout peut changer
Virevolter
La colère l'amertume ou le désir peuvent s'en mêler
Et tout chambouler
Souffler sur les premiers pas et redessiner un chemin
Qu'il soit commun ou incertain
Tel des pantins dans leurs mains
On se laisse guider submerger apaiser
Soudain un regard un égard
Une nouvelle histoire
Le papi rajeunit l'enfant grandit
Chacun redéfinit sa vie et se redécouvre
Dans ce nouveau regard
Autant d'humains que de chapitres
Chacun derrière sa vitre
À guetter pour choisir sa gare d'arrivée
Autant de rencontres que de pages
Chacun souffle ses mots
Ses émotions ses désirs ses maux
Les yeux fermés

Ou cachés derrière des lunettes
On avance à l'aveuglette
A la plume ou au stylo
Au gré des hasards et des tempos
Chacun écrit l'air de rien
Son histoire pour demain

Des murmures derrière l'armure

J'entends les souvenirs se manifester
Réclamer une attention
Pour écrire une nouvelle direction
Des murmures qui susurrent
Qui m'assurent qui ne me rassurent pourtant toujours pas
Malgré l'épreuve du temps et des ans enfouis
Mais personne ne s'enfuit
Les images les bruits les odeurs
Reviennent à toi comme une rumeur
Pour te rappeler d'où tu viens
Avec quel souffle tu affronteras demain
Avec quelle terre tu es modelée
Les aspérités les bords lisses
Les sens qui frémissent
Aux sons des diapasons des intuitions
Des murmures derrière l'armure
Qui apaisent reposent appellent
Des silences des regards dans le brouillard
Ceux qui sont partis ceux que l'on a perdu en route
Des murmures qui portent des clés
À peine voilées parfois gondolées
D'un présent d'un sourire d'une a.larme
Capable de briser le charme
Des murmures pour sourire
Pour se souvenir soutenir souscrire
Au moment présent à l'instant
Des murmures derrière chaque armure
Qui chantent parfois enchantent
Des murmures qui racontent nos histoires d'autrefois
Pour éclairer demain
Et murmurer en chemin

Mon petit garçon face à l'océan

Si petit si grand
Et toutes ces questions qui raisonnent
Parfois m'assomment
Tu voudrais comprendre
Pour te rassurer t'assurer
Que tout ça a du sens
Que rien ne sert de partir dans l'autre sens
Que le monde tourne rond
Et qu'à force d'interrogations et d'imagination
Ton château de sable résistera à la marée
A l'absurdité de la réalité
Tu pars en exploration dans les rochers
A la recherche de trésors
Qui embellissent chaque jour notre décor
Ton regard malicieux
Pourrait défier les dieux
Faire plier les plus forts
Un petit ruisseau au bord de l'eau
Tout est fragile la nature n'est pas docile
Mais depuis longtemps tu sais en saisir chaque instant
Tes pourquoi et tes comment
S'empilent comme les coquillages
Une muraille face au gaspillage
Aux contradictions du monde
Aux incohérences de la ronde
Un grain de sable au milieu de ses semblables
Face au sablier du temps
A la magie du moment
Mon petit garçon face à l'océan
Qui essaye de comprendre ce monde de grands
Grimper escalader pour tenter d'apercevoir l'autre rive

Creuser pour arriver de l'autre côté
Rencontrer ceux qui vivent la tête en bas
Sentir s'émerveiller pour continuer d'avancer
Sans tout comprendre se laisser surprendre
Se mouiller les pieds s'immerger
Sentir l'alizée sur son visage
Donner la main pour avoir le courage
De continuer à marcher vers cette immensité
Mon petit garçon face à l'océan
Façonne son monde dans le reflet du notre
Mon petit garçon face à l'océan
Prends le temps de devenir grand
De nager à contre-courant
Continue d'interroger l'écume
D'attraper le vent de plonger dans le sable
D'écouter l'embrun
Ce sont là les plus belles réponses à tes questions

S'immerger dans cette immensité

Ce joli jardin

Sous une brume d'écume
Des petites pierres éphémères
Les gouttes d'eau déposées par la rosée
Scintillent et illuminent les souvenirs
Emportés par le désir de vieillir
Par l'envie d'agir et de devenir
Ce joli jardin où chaque recoin
Préserve un morceau de soi
Un bout d'histoire un réservoir
Pour la mémoire
Pour les jours de pluie
Les jours moroses on s'y repose
Ce joli jardin où parfois les fleurs sont écrasées
Par des corps enlacés
Par des passions à perdre la raison
Jouissance en pleine effervescence
Ce joli jardin où souvent on y vient
Le sourire aux lèvres
Le regard pétillant d'émerveillement
On se croise on s'imagine on se devine
Du bout des doigts on se frôle
Douceurs du corps douceurs du temps
Tout s'arrête sur l'instant
Ce joli jardin où l'on arrose
À petite dose d'osmose
Un désir à faire pâlir
Un désir à faire fleurir
Une envie d'être à deux mains
Pour s'extasier de la beauté
Et s'allonger sur les rochers
Regarder les nuages nous raconter leur voyage

Ce joli jardin c'est le mien
Peut être le tien
Personne n'en sait rien
Introuvable inavouable
Caché derrière mes paupières
A l'abri de la lumière
Dans ce joli jardin c'est certain
J'y retournerai demain

Dans cette sombre cabine d'essayage
Je ne vois plus mon visage
Mais mon corps vieillir
Loin de la cartographie du plaisir
Les vergetures sans fioritures
Désignent une autre aventure
Estime de soi au plus bas
Ce corps semble n'être pas le mien
Les sillons des vestiges des régimes césarisés
Témoins d'un bonheur à venir
De rondeurs pour l'avenir

Dans cette boite à enfilage
Je me contorsionne m'emprisonne
Avec l'espoir secret de voir apparaître dans le reflet
Une femme transformée prête à partir à l'abordage
Prête à défiler à soutenir les regards
Assumer les rides les vergetures
Les imperfections de la nature

Dans cette pochette à cachettes
Je me déshabille du regard
Souffle sur le cafard
Esquisse un sourire encourageant
Esquive le maillot décourageant
Je pense à toutes celles qui avant moi
Se sont retrouvées là aussi démunies
Devant ces seins trop petits
Ou ces fesses trop épaisses
Je pense à toutes celles qui oppressées
Par les images et les adages
Ont abandonné lassées fatiguées
Par ce reflet

Devant ce grand miroir
Avec cette cruelle lumière
Je pense à toutes celles qui viendront après
S'enfermer pour tenter de se réinventer
Et je décide de leur laisser un petit peu de couleurs
Pour qu'elles se sentent mises en valeur
Un sourire pour ce corps désirable
Indomptable
Et je dépose un chuchotement
Pour que tout doucement
Chacune d'elles
Chacun de nous
Reste debout
Prête à soutenir son regard
Et la tête haute
Sortir du brouillard

On entend les murmures des anciens
Les plus âgés
Lassés d'entre emmurés
Le sourire poli par l'usure
A en avoir le souffle coupé

Derrière ces sillons de l'âge ces mains qui tremblent
Et qui pourtant te ressemblent
Des secrets semés au fil des années
Un don de soi un bond de vie
Une énergie qui doucement se tarit
Des anciens qui nous ont apporté demain
À force de patience et d'endurance
Des sages qui ont déjoué les mauvais présages
Pour arriver au bel âge
Autant de chemins ridés
Que de souvenirs débridés
Chacun d'entre eux a construit
Notre monde d'aujourd'hui
Les mains dans la terre ou dans les travers
Les yeux malicieux de ceux qui savent
Mais qui ne veulent pas tout raconter
Pour ne pas faire entrave
A notre façon d'exister
Et qui pourtant ont acquis l'expérience
Le talent de savoir garder la cadence
De se relever lorsque l'on trébuche sur le sentier
La capacité à se réinventer
De vivre plusieurs vies pour accèder finalement au paradis
Que ce soit celui qui est prédit
Ou celui que l'on choisit
Ils savent que l'important n'est pas là
Le corps dessine le passé
Quand la tête se perd parfois dans le présent
Les jours vacillent un rien émoustille
Peu importe si les jours sont comptés
C'est la vie qu'il faut conter
Laissez nous des indices face aux précipices
Dites nous comment vous avez pu réussir

A vivre dans l'avenir

Que votre passage ne soit pas un mirage
Que l'on se souvienne de vos visages
L'heure n'est pas aux hommages
Peut être un petit peu aux commérages
Car tant que la vie souffle que le cœur bat
Peu importe si la mémoire se débat
Tant que la dignité et la volonté sont respectées
Chacun mérite d'être écouté
Personne ne devrait l'oublier
Car cette société dans laquelle vous vivez
C'est eux qui l'ont façonné
Imparfaite et piquante
Parfois mal éduquée
Parfois douce et aimante
Ils ont fait comme ils pouvaient
Comme nous ferons comme nous pourrons
En espérant que nos enfants auront appris de nos erreurs
Compris que les anciens
Sont les clés de l'avenir pour demain
Et qu'il est urgent d'en prendre soin

Enrouler le monde et saisir sa fronde
Le rythme des tambours
Comme des comptes à rebours
Le tourbillon des minutes
Précipite la chute
Qui peut arrêter ce tourbillon
Cette spirale infernale
Qui nous aspire tous vers le fond ?
On résiste on tente d'y croire
On puise dans les réservoirs

Enrouler le monde alors que la nature gronde
Refuser la fatalité
S'épuiser face à la réalité
Alors s'arrêter et s'émerveiller
Le tic tac oppressant
S'estompe doucement
Les paysages les feuillages
Cachent un instant nos ravages
Comme pour nous redonner du courage
Face à ces rouages
Contre lesquels on ne peut rien
Demain reste incertain

Alors j'enroule le monde sur mon dos
A la manière d'un routard
Qui n'a plus peur d'être en retard
Je choisis de continuer à marcher
Sans espoirs démesurés
Parce que demain mes enfants seront grands
Et même face aux vents violents
Aux entonnoirs du pouvoir

Il faudra qu'ils trouvent leur place quitte à briser la glace
Il faudra qu'ils sachent sauter sur les rochers
Pour éviter d'être emportés par les courants
Qui s'annoncent de plus en plus menaçants

J'enroule mon monde autour d'eux
Pour tenter de les protéger des réalités
Comme un bouclier face aux roulements
Aux aspirations des parlements
Comme un paratonnerre
Pour qu'ils gardent leur lumière
Et leur souffle

Et puis un jour devant eux leur chemin se déroulera
Sans que je ne puisse plus y faire quoi que ce soit
En espérant qu'ils aient puisé assez d'énergie
De confiance et d'envies
Pour à leur tour enrouler le monde
Et sans doute sortir leur fronde

Te voilà déjà haute comme trois pommes
Avec tes joues à bisous ton regard bleu qui impressionne
Tes colères tes câlins d'une tendresse infinie
Peur de rien et bien décidée à croquer la vie
Je te regarde non sans fierté grandir
En m'interrogeant sur l'avenir
Rassurée par ton caractère bien trempée
Peu importe si un jour il t'ait reproché
Tu en auras besoin pour te frayer un chemin
Faire fi des commentaires de certains
Parce qu'il faut que tu le saches
Pour les femmes la vie peut être vache
Tu auras besoin de force d'énergie
Pour donner vie à tes envies
Il faudra la tête haute affirmer qui tu es
Pour casser le plafond de verre
Le temps ne semble rien y faire
Ne pas te laisser enfermer
Dans les cases que la société dédie à la féminité
Tu pourras être toutes celles que tu désires
Et tant d'autres encore
À toi de choisir ton décor
Impose leur le respect la courtoisie
N'oublie pas que c'est toujours toi qui décide de dire oui
Tes choix ton corps t'appartiennent
Quoi qu'il advienne
Dis leur ta colère choisis d'être sincère
Et lorsque tu seras fatiguée par cette énergie dépensée
Quand tu te sentiras menacée rabaissée rangée
Pense à tes arrières grands-mères
À toutes celles qui se sont battues pour nos droits

Et qui de loin Veil encore sur toi
Pense à celles qui ont choisi d'agir
Pour nous laisser en héritage un avenir
Où il est possible de devenir qui l'on est
Puise dans ton histoire dans leur mémoire
La force et le courage de défendre nos choix
Qu'importe les commérages la société
Il te faudra continuer de lutter pour l'égalité
Ne jamais penser que c'est acquis de droit
En jupes courtes poilues ou dodues
Qu'importe les commérages la société
Chacune a le droit d'être celle qu'elle est
Loin des images photoshopées des stéréotypes imposés
Délaisse les injonctions à devenir mère qui laissent un goût amère
Choisis la maternité décide si tu souhaites porter la vie
Qu'importe ce qu'en pense autrui
Rappelle toi que ton plaisir n'est pas moins important
Que celui de la personne avec qui tu choisis de passer du bon
temps
Attrape ton reflet dans le miroir sois en fière chaque soir
Qu'importe tes vêtements le regards des gens
Utilise le bleu de tes yeux pour noyer ceux qui t'indisposent
Envouter ceux qui te rendent toute chose
Souris sans avoir peur d'être mal comprise
La chaleur s'offre comme une friandise
Avec générosité légèreté sans animosité
Ma pétillante fille j'espère réussir à te donner les armes
Comme un bouclier face aux sarbacanes
N'oublie jamais que loin d'être isolée
Il existe la sororité
Tu fais partie de cette immense famille féminine
Autant de beauté que de diversité
Tu as ta place choisis ton espace
Ne t'excuse jamais d'être là

Ce monde elles l'ont aussi bâti pour toi

Ne pas oublier l'enfant que nous étions
Quel terrible adage
Comme si nous pouvions nous souvenir
Qu'alors face au mauvais temps
Il nous suffisait de souffler sur les nuages
Pour qu'un petit creux de ciel bleu
Suffise à nous rendre heureux
Comme si nous pouvions ressentir
À nouveau cette simplicité
Parfois tellement premier degré
Face à la peur de l'immensité
inventer un petit géant
Pour se sentir grand
Devenir adulte en enfilant des chaussures
Hurler pour une petite blessure
Ou se consoler avec un ours en silence
Devant des douleurs bien plus intenses
Comme si nous pouvions rire à la folie
Devant une grimace le vol d'un pissenlit
Réinventer sans cesse une histoire
Dans le jour ou dans le noir
Pour mieux la comprendre
Et toujours réussir à se laisser surprendre
Comme si nous pouvions rencontrer les autres
Avec juste un sourire autour d'un tourniquet
Tomber amoureux plusieurs fois par jour
Enlacer ceux que l'on aime sans rien attendre en retour
Comme si nous pouvions poser mille questions
Sans se soucier de la bienséance et de la pertinence
interroger le monde sur ses incohérences
Avec amour briser les tabous

En demandant à papi quand il finira sa vie

Comme si nous pouvions redevenir enfant
Simplement en le décidant
Pourtant
Peut être pourrions nous essayer de convoquer nos souvenirs
Peut être grâce à eux pourrions nous ré-aiguiser nos regards sur
l'avenir
Peut être pourrions nous s'ils nous le permettent
Emprunter un petit peu de leur poésie aux enfants
Pour en cacher **quelques morceaux au fond de nos poches**
Comme des antisèches lorsque l'hiver approche
Et que l'on se sent si petits face aux aléas de la vie

Dans **cette petite pièce carrée**
Dénuée de toute frivolité
Chacun vient se dénuder
Raconter qui il est
Chercher des réponses
S'interroger sur sa réalité
Débroussailler son esprit des ronces
Pour continuer d'avancer plus léger
Chacune dépose ses souvenirs
Comme pour lire l'avenir
Un face à face à prendre en pleine face
Les penseurs d'autrefois déchiffrent les émois
Comme si les sentiments n'étaient pas à l'épreuve du temps
Les murs blancs comme des pages
Parce qu'ici chacun attend cherche dément
Tente d'éviter les ravages de faire naufrage
Chacune panse ses plaies
Essaye d'aller au delà des écorchures
Pense à ce qui lui plait
Pour ne laisser que des épluchures
D'instants passés malmenés
Pour déposer des mots
Sur des maux
Pour se reconstruire
Pour se choisir

Dans cette pièce carrée se succèdent histoire et témoignages
Chacun débarque avec ses bagages
Pour apprendre à les ranger les trier
Laisser sur le côté ce qui est trop lourd
Pour continuer à marcher à pas de velours

Pour reprendre son chemin en se sentant plus léger
Aligné avec qui l'on est

Sans cette pièce carrée c'est certain
Que chacun se sentirait moins serein
Vaciller face à cette complexité
Chacune n'oserait pas affronter ses chimères
Ou pardonner ses pairs
Il faut peut être une dose de courage
Faire face aux adages
Pour venir frapper à la porte de cette pièce carrée
Chacun chacune sait combien
Il est sein de s'arrêter en chemin pour y déposer ces poids
Qui alourdissent le quotidien
Si chacun prenait soin de lui
Chacune sait que cette petite pièce carrée
Ne serait plus stigmatisée
Chacun pour y trouver l'énergie de l'empathie
Chacune pourrait apprendre à s'aimer
Chacun pourrait recolorer le monde
Chacune pourrait se rendre compte
Que les petites victoires même si elles parraissent illusoires
Peuvent transformer bien plus qu'un reflet dans le miroir
Chacun pourrait alors chuchoter à son voisin
Les pouvoirs de cette petite pièce carrée
Dont a tellement besoin l'humanité

Choisis les gens qui te touchent
Laisse les mots des autres glisser sur ta peau
Comme un bulle de savon qui éclate
Sans éclaboussures ni blessures
Détourne le regard tourne leur le dos
Puise la confiance en toi et non dans leurs maux
Choisis les gens qui te touchent
Délaissent ceux qui s'imposent
Oppose leur ton ignorance
Souffle sur leurs injures pour gagner en légéreté
Mise sur ton futur qu'importe tes fissures

Choisis les gens qui touchent
Ceux qui t'éclaboussent
Qui avec douceurs vont panser tes plaies
Ou parfois te rappeler qui tu es
Ceux qui qu'importe tes erreurs et tes doutes
Chemineront à tes côtés sur la route
Sans peur sans attente
Qu'importe si la pente est savonneuse
Parfois un peu hasardeuse

Choisis les gens qui te touchent
Ceux avec qui la douceur du temps
Les larmes de la vie la joie des tourments
Sont autant d'aventures que de ratures
Choisis ceux pour qui ton amour n'a pas de rebours
Ceux avec qui tu peux avoir une armure
Ou te la jouer sans censure

Choisis les gens qui te touchent

Le monde est farouche
Chacun a son idée bien arrêtée
Sur la façon dont il doit tourner
De comment les uns ou les autres
Doivent être les apôtres
D'un changement ou d'un fonctionnement
Qu'importe les conditionnements

Avec force et courage
Enjambe les rouages
Va chercher toute l'énergie dont tu as besoin
Pour ne pas te mettre de freins
Choisis les gens qui touchent
Parce que les autre assombriront tes lendemains
Vis avec le monde
Regarde chacun sans intentions avec intuitions
Essaye de dépoussièrer tes jugements sans fondements
Ris avec chacun danse avec demain
Mais choisis les gens qui touchent
Parce qu'ils visent bien souvent
En plein dans le mille

L'espoir porte les rêves
Parfois ils se réalisent

Dans un petit coin du monde
Des sourires ondulent au rythme des ondes
Des regards s'attrapent des notes s échappent
Chacun peut être qui il veut ou qui il est
Qu'importe bienveillance et insouciance sont de mise
Qu'importe la brise le soleil ou les nuages
Ce petit bout du monde a des allures de mirage
Qu'importe ton nom ou ton horizon
Ensemble nos corps dansent à l'unisson
Les enfants soufflent sur des paillettes
Alors que Louise Attaque les plus âgés
Renouent avec des énergies oubliées
Un beau fonctionnaire breton sans prénom
On rêve d'after qui n'arriveront sans doute jamais à l'heure
Dans un recoin du bout du monde
Des gens s'embrassent et s'enlacent
Pour une nuit ou pour une vie
Des baisers interdits ou déjà bénis
Qu'importe au bout du monde la joie d'être ensemble transcendent
Danser la vie sur une table avec Gaëlle
On s'connait pas mais la connexion est là
On déploie nos ailes à deux ou avec toutes les autres
Cc monde devient le nôtre
La sororité n'a pas besoin d'être verbalisée
Au détour d'un chapiteau un massage offert contre de la crème
solaire
Des copains d'un jour ou de demain
Une liberté retrouvée à chaque refrain
Ici le monde peut s'arrêter de tourner
Ensemble il nous suffira de nous accrocher
Des pompons porte-bonheurs des sourires charmeurs

Ici qu'importe l'ivresse tout est allégresse
Si le monde empruntait quelques paillettes à ce petit bout de terre
Si le monde s'arrêtait ici quelques secondes
Là où la réalité se mélange aux chimères
Qu'importe les ondes
Sans doute que certains rêves seraient réalités
Alors amis festivaliers charge à nous de souffler cette beauté dans
nos réalités
Jusqu'à en avoir le souffle coupé
Dansons ensemble à l'unisson en toute saison !

Regarder le monde à travers un carré
Celui qui nous projette la réalité
Celle que l'on peut zapper
Des images à foison
Entre humour horreur et dérision

Confortablement installé
L'insupportable est mis à distance
Loin du concept de décence
Les nouvelles s'enchaînent
Qu'importe la chaine
Les bateaux sombrent en méditerranée
Alors qu'ailleurs l'eau vient à manquer
Les dirigeants rejouent les sombres scénarios de l'histoire
Les espoirs des manifestants restent illusoires

Il suffit alors d'appuyer sur un bouton
Pour se changer les idées
Voir une autre facette du monde
Aussi aberrante qu'immonde
Où la chirurgie esthétique donne raison aux statistiques
Loin de redonner de l'espoir
On a du mal à y croire
Quelle société sont ils en train de montrer
Dans cette télé si loin des réalités

La confusion de la télécommande
Que la société marchande
Choisir de regarder d'oublier ou de s'évader
Sans bouger
Sans pouvoir

Juste recevoir apercevoir ou s'émouvoir
Avec plaisir
Avec culpabilité
Et puis toujours de la même façon
Choisir le même bouton
Pour retrouver l'écran noir
Qui comme un miroir
Nous montre que notre réalité
A nous n'a pas tellement changé
Depuis la dernière fois où l'on a appuyé
Sur ce bouton pour allumer cette boîte à illusions

Par la douceur d'un été
Ou celle d'une gelée
D'un hiver rigoureux
Seule ou à deux
Les mains se délient doucement
A l'allure d'un papillon qui quitte sa chrysalide sereinement
Les paroles se déploient le long des corps
Les sensations trouvent leur décor
Seule face aux saisons
A l'abri des regards dans le brouillard
Ou dans la lumière de rayons ensoleillés
Dans un champ sur l'oreiller
Chacune trouve le chemin de son désir
L'autre n'est pas toujours essentiel au plaisir
L'intimité féminine remonte dans l'estime
La société ne peut plus figer la jouissance
Dans la seule performance masculine
L'heure n'est plus à la toute puissance
La masturbation peut générer des révolutions
La sororité des mots jusque là inavoués
Chacune sa cadence ses préférences ses différences
Délier les mots en même temps que les doigts
Pour permettre à chacune d'être maitre
D'abolir la hierarchie du plaisir
Sentir vibrer les corps au rythme des ressorts
Oublier les modes d'emploi depuis longtems dépassés
Plaisir solitaire pour s'offrir une bulle d'air
Plaisir partagé pour ensemble d'évader
Consenties jusqu'au bout de la nuit
Les endorphines colorent les corps
Et rendent chacun chacune papillon

Qu'importe les belles illusions
De nuit ou de jour
Par amour ou simplement pour un aller retour
Jouissons de toutes les façons
Jouissons toutes de toute façon
Seule ou accompagnée
L'orgasme est libéré

Regarder la clarté du monde qui s'effondre
Les éclairs qui lacèrent les hémisphères
Immobiles devant ce sombre spectacle
Depuis longtemps prédit par les oracles

Le vent souffle s'engouffre
Etouffe ceux qui tentent de lutter
Courir à perdre haleine
Arroser les feux qui déciment les forêts
Quand d'autres traitent les eaux salés
Comme une chaine
Qui nous tire vers le fond
Chacun peut lutter à sa façon
Ces hommes orchestrent notre extinction
À coup de politique de fric
Il faut dominer être dans les bonnes statistiques
L'égo système prend le pas
Ecrasant ceux qui tentent de déjouer les algorithmes
Pour ne plus être des appats
On frissonne d'impuissance
Devant leur inconscience
L'eau monte comme la pression
Les énergies rentrent en fusion
Comme un générique de fin
D'un mauvais film catastrophe
Encore quelques strophes
Vite profitons respirons admirons
Car demain n'est pas loin

À vingt ans à peine
Quelle joie de fouler la terre africaine
Découvrir des saveurs des odeurs
Ressentir la liberté
Seule avec fierté
Des couleurs à en être éblouie
De la musique jusqu'au bout de la nuit
Des sourires d'enfants
Des discussions sans jugements
Un tourbillon d'émotions
Un bonheur de sensations
Une perte de repère
Dans l'autre hémisphère
Jusqu'à oublier la réalité
L'insécurité dans le noir
Faire confiance en toute innocence
Trinquer à la belle soirée
Aux retrouvailles des vieilles années
Puis être piégée
Sans plus pouvoir bouger
L'ivresse mélange les idées
Les mots sont paralysés
Le corps reste immobile
Le non prononcé semble futile
Soudain tellement fragile
Le corps meurtri
L'esprit engourdi
Comme une réalité qui n'a pas existé
Sans larmes ni colère
Un instant en enfer
Que l'on veut enfouir

Pour ne plus jamais le ressentir
Que l'on veut oublier
Pour ne plus jamais en parler
Seule avec tumulte
Sans le vouloir je suis devenue adulte
Une nuit noire qui laisse des traces
Une nuit noire qui entaille la face
Seule dans ce sombre décor
Dépossédée de mon corps
Incapable de bouger
Face à un homme pour lequel je ne semble pas exister
Pas de mot de langage de cri
Un silence qui meutrit
Un homme à l'allure tribale
Emporté par un instinct d'animal
Seule sur cette terre lointaine
Il a enterré une part de moi même
Un bout d'enfance et d'insouciance
Aujourd'hui face à ce cercueil
Avec mes mots je choisis de faire mon deuil
De reprendre à mon histoire
Ce bout qui manque dans le miroir
Parce que la honte de cette nuit noire
Ne doit pas être mon fardeau
Je veux redonner à ce salaud
Le poids de mes maux
Enlacer la jeune adulte que j'étais
Lui pardonner la libérer de sa culpabilité
Qu'elle n'aurait jamais dû porter
Lui rendre cette insouciance
Décorer cette cicatrice avec bienveillance
La rendre belle pour en faire une force
Avec une envie féroce
De ne jamais oublier

Et de continuer à me battre chaque jour
Pour que plus jamais la culpabilité
Ne se permette de s'accrocher
Autour de cœurs et de corps
Qui ont subi la violence animale
D'humains aux pulsions bestiales
Pour que plus jamais dans le reflet d'un miroir
Il ne manque celui d'une nuit noire

Putain que c'est triste parfois de vouloir être heureux

Tu viens d'où

Un lieu pour se définir
Un endroit à choisir
Une maison une région
Imposée par son histoire
Ou que l'on cherche sans trop savoir
Ballotté au grè des marées
Sans port d'attache
Comme les appaches
Qui choississent de vivre
Au cœur de la nature
Au fil des aventures

C'est ici chez moi
Une certitude qui jaillie du plus profond de soi
Un village au creux d'une vallée
Une cabane d'enfance en forêt
Un patois qui nous pousse à l'émoi
Une odeur sur un sentier de randonnée

Comme cela doit être reposant
De se sentir appartenir à un paysage
Comme cela doit être apaisant
De pouvoir être soi sans mirage
De fouler une terre
Qui souffle sur les poussières
Pour nous rappeler l'enfant que nous étions
Une terre qui glisse des souvenirs
Lorsque la solitude se fait sentir

Etre bien partout
Et nulle part à la fois
Etre apaisé face à l'immensité

Faire de chaque endroit
Le sien
Imaginer que le monde nous appartient
Déraciner
Pour découvrir un choix de vivre
S'enraciner
Sans devoir face à son histoire

Qu'importe d'où tu viens
Fais de ce paysage le tien
Choisis celui qui te coupe le souffle
Ton adresse n'est qu'une ligne
Parmi toutes celles de ta main

Parce que l'on viellit
Et qu'ils grandissent
Parce que nos vies sont bouleversées par l'arrivée des leurs
Parce que nos chemins sont un temps en commun
Et qu'il faut les guider
Même lorsque l'on est égaré
Que notre terre tremble
Que plus rien ne s'assemble
Il faut rester debout
Un sourire aux lèvres
Parfois un genou à terre
Les années nous transforment
Comme les soirées à les bercer pour qu'ils s'endorment
Vouloir transmettre l'essentiel
Donner des billes face au réel
Face aux vents à la houle
Tenir le gouvervail face à la foule
Les faire passer en premier
Sans s'oublier

Parce que nos parents n'ont pas tout vu
Que parfois leurs choix n'étaient pas au bon endroit
Aspirés par leur réalité
Ou interdit d'un partage quotidien qui éblouit
Nous veillons à ne pas reproduire
Ou au contraire à souscrire
A la même tendresse face aux forteresses
Puiser dans ces années d'enfance
Ce dont on a besoin pour échapper à l'obsolescence
Garder les souvenirs qui rendent plus forts
Pardonner les erreurs effacer les remords

Dépoussièrer les douces madeleines
Gouter aux saveurs lointaines

Parce que nous sommes plusieurs
Et pour chaque rôle souhaitons être à la hauteur
L'héritage de notre histoire se transmet entre génération
Sans lien de subordination
Chacun reçoit le pouvoir de s'en apercevoir
De se construire en choisissant les briques
Qui lui permettront de se tenir en équilibre
De faire des choix oniriques
Qui lui permettront de se sentir libre
Comme un devoir de chacun
Face à ses anciens
Une main tendue vers demain

Parce que notre histoire est un miroir
Et qu'il nous appartient d'y inscrire des sourires
D'y accrocher des souvenirs
Pour que nos enfants demain devenus grands
Puissent à leur tour patiemment
Apprendre à lire leur avenir

Détourner le regard

À haute voix affirmer
La vigilance qu'il faut avoir
Verbaliser les difficultés
Des enfances oubliées
Théoriser imaginer des solutions
Pour palier aux carences des institutions
Etre démuni face à l'indisponibilité
Des ressources de la société
Qui peuvent finalement s'avérer fictives
Laissant des enfants à la dérive
L'école inclusive à tout prix
Qu'importe l'avis des psys
Tout le monde doit être ordinaire
Les besoins indiffèrent
Les particularité doivent être poncées
Pour ne pas trop briller
Eviter de déranger
Etre rangées
Cloisonner peu importe la violence endurée
Le cas par cas n'existe pas
Laissant les professionnels face à la solitude
Face aux cris dans les couloirs aux pleurs d'incertitudes
Parce que l'inclusion peut être une solution
Ne peut être une illusion
La souffrance que parfois elle engendre
Il ne faut pas s'y méprendre
N'est pas tolérable
Pour personne acceptable
Des parents impuissants
Partagés entre l'envie d'y croire et ce mauvais pressentiment
Des enseignants débordés

Epuisés de ne pouvoir faire autrement
Des enfants malheureux
D'être rangés à coup de pansements
Des copains fatigués parfois effrayés
De ne pas pouvoir jouer
D'être confrontés à une violence
Qui fait perdre la cadence
Et face à tout ça
Faire des réunions pour poser des constats
Donner l'impression
De dessiner un horizon
Serrer des mains
Souhaiter bon courage pour demain
Puis détourner le regard

Je trinque à la sagesse avec du café

De bon matin
Sans rien attendre de demain
Comme alignée avec la journée
Sans prétentions ni aspirations

Je trinque à l'allégresse avec un sourire
À ceux qui construisent mes souvenirs
Un petit bout de bien être
Et d'innocence face à tout ces peut être
J'attrape ce brin de folie
Comme on souffle sur un pissenlit

Je trinque à la paresse en baillant
Aujourd'hui le temps n'est pas mouvant
Je respire le parfum du monde
Le regarde continuer sa ronde
Assise loin du tumulte quotidien
Aujourd'hui sera mien

Je trinque aux simples saveurs
Je trinque au bonheur simple
Qui aujourd'hui commence avec un café
Dans un coin du monde ensoleillé

Je ne te donnerai rien de plus
Ni mon pardon ni ma colère
Qui de toute façon t'indiffèrent
Tu m'as déjà pris trop de larmes et de rires
Je te pose sur le bas côté de mon avenir
J'adoucis mes maux ponce les traces sur ma peau

Je ne te donnerai rien de plus
Tu as gagné durant plusieurs années des batailles
Presque réussi à me faire quitter les rails
Je ne te laisserai pas la victoire
Rien n'est dérisoire
Je tangue devant mon histoire
Je perds l'équilibre n'arrive plus à me sentir libre
Mais je reste debout tu ne me mettras pas à genoux

Je ne te donnerai plus rien
Quitte à serrer les poings pour ne pas chûter
Pour tenter de convoquer ma dignité
Tellement abimée par la culpabilité
Comme le poids de mes maux
Le trombinoscope de flashs éléctros
Jusquc là enfermés dans mon cerveau
Pour me permettre de continuer à avancer
Un instant qui semble conté hors de ma réalité
Des souvenirs qui semblent appartenir à une autre
Une sécurité falsifiée par une mémoire mortifiée
Mon corps et moi nous ne te donnerons plus rien
Nous ferons de cette balafre que tu as griffé
Une force et non une identité
Grâce à cette blessure chaque jour

Chaque nuit mon corps et moi veillerons
A ce que tu n'ais plus rien
Chaque jour chaque lendemain
Jamais plus tu n'interviendras
Dans aucun de nos pas
Seule notre volonté perdurera
Celle de marcher avec fierté
Sur le chemin que l'on se sera tracé
Et si un jour un doute entrave notre route
Il nous suffira de toucher cette cicatrice imposée
Pour reprendre le pouvoir remplir le réservoir
Et choisir de ne pas s'asseoir
Comme un éléctrochoc de vigilance
Pour ne plus être sous le choc de cette violence
Quitte à vaciller ou trouver un acoudoir

Jamais plus je ne serai forcée d'être allongée
Jamais plus mon corps ne devra occulter pour me protéger
Faire illusion pour que je garde la raison
Parce que rappelle toi que tu n'auras plus rien
Mon corps et moi nous sommes libérés
Et l'on sait tous les deux très bien
Qu'entre nous deux ce n'est pas moi la putain

Tombée au combat

Sans le voir venir en courant après l'avenir
Une chûte brutale
Qui aurait pu être fatale mais qui n'en reste pas moins létale
A force d'eviter les bombes
Un jour elles vous plombent

Tombée au combat
Comme lancée au triple galop
Sans trop savoir pourquoi
Pour tenter de quitter cet effroi
Qui nous suit mais que l'on ne voit pas
Une ombre opaque que l'on ignore
Alors que le quotidien devient incolore
Privée d'émotions de sensations d'expressions
Comme une trahison face à ses convictions
Face à la vie
Pour laquelle pourtant on se convaint d'être épanouie

Tombée au combat
Un choc brutal qui projette dans un dédale
Impossible de bouger
Anesthésiée
Un corps qui s'arrête épuisé
Tout devient coton
Avec l'impression que tout ceci n'est qu'illusion
Trop de violence trop peu de transparence
Trompée par son apparence
D'images brumeuses que l'on pourrait croire hasardeuses
Mais le corps refuse de continuer à occulter
Mettant l'esprit et la mémoire faceà ses responsabilités

Tombée au combat
Les faits divers deviennent notre affaire
Accepter cette infirmité
Se redresser avec lenteur
Pour pouvoir affronter les regards et les humeurs
Ne plus étouffer les émotions
Retirer avec précaution ce filtre devant notre horizon
Après tant de temps
Sans saveurs ni odeurs
Après tant de temps
Sans couleurs

Tombée au combat
Au détour d'un souvenir
Qui semble de ne pas nous appartenir
Insoutenable insaisissable
Une course éffrénée interminable
Comme pour mettre à distance
Cette nuit effroyable
Le souffle coupé par la chute
D'une plaie que l'on ampute

Tombée au combat
Paralysée et soulagée
De présentir le retour à la vie
Sans calque comme une claque
Qui remet l'essentiel au centre
Oblige à poser l'ancre
Rire avec spontaneité
Sentir enfin les larmes couler
Avoir peur de ne plus se connaître
Se sentir renaître

Tombée au combat

Remercier sa mémoire d'avoir brisé le miroir
Se faire face
Faire face
Et ne pas la perdre au détour
D'un chemin d'un regard d'un contour
Choisir d'avancer
Parce que le combat n'est pas terminé
Demain plus que jamais
Il sera de mon devoir de prouver
Qu'il est possible de se relever

Tombée au combat
Je ramasse mes armes face aux chiens qui aboient
Qu'importe le temps qu'il faudra
Pour être à nouveau debout devant vous
Attendez moi
Attendez nous
Attendez vous à voir arriver
Une foule armée par la sororité
Nous saurons puiser dans cette violence abjecte
Une irreprésible énergie pour colorer nos vies
Prouver à nos enfants que même les actes les plus infectes
N'arriveront pas à mettre un terme
A toutes ces vies à tous ces poèmes
A entraver nos rêves nos espoirs
Qui doucement scintillent à nouveau dans le noir

Tombées au combat
Nous portons la vie à bout de bras
Nous vous le disons avec fracas
Vous ne gagnerez pas

Tombées au combat
Mais toujours là

...

Retrouvez moi sur instagram pour découvrir
mes textes et mes créations en cyanotype.